BEI GRIN MACHT SICH IHR WISSEN BEZAHLT

- Wir veröffentlichen Ihre Hausarbeit, Bachelor- und Masterarbeit

- Ihr eigenes eBook und Buch - weltweit in allen wichtigen Shops

- Verdienen Sie an jedem Verkauf

Jetzt bei www.GRIN.com hochladen und kostenlos publizieren

Markus Pfeiler

Historische Entwicklung und Klassierung von Programmiersprachen

GRIN Verlag

Bibliografische Information der Deutschen Nationalbibliothek:

Die Deutsche Bibliothek verzeichnet diese Publikation in der Deutschen Nationalbibliografie; detaillierte bibliografische Daten sind im Internet über http://dnb.d-nb.de/ abrufbar.

Dieses Werk sowie alle darin enthaltenen einzelnen Beiträge und Abbildungen sind urheberrechtlich geschützt. Jede Verwertung, die nicht ausdrücklich vom Urheberrechtsschutz zugelassen ist, bedarf der vorherigen Zustimmung des Verlages. Das gilt insbesondere für Vervielfältigungen, Bearbeitungen, Übersetzungen, Mikroverfilmungen, Auswertungen durch Datenbanken und für die Einspeicherung und Verarbeitung in elektronische Systeme. Alle Rechte, auch die des auszugsweisen Nachdrucks, der fotomechanischen Wiedergabe (einschließlich Mikrokopie) sowie der Auswertung durch Datenbanken oder ähnliche Einrichtungen, vorbehalten.

Impressum:

Copyright © 1999 GRIN Verlag GmbH
Druck und Bindung: Books on Demand GmbH, Norderstedt Germany
ISBN: 978-3-640-31592-5

Dieses Buch bei GRIN:

http://www.grin.com/de/e-book/123664/historische-entwicklung-und-klassierung-von-programmiersprachen

GRIN - Your knowledge has value

Der GRIN Verlag publiziert seit 1998 wissenschaftliche Arbeiten von Studenten, Hochschullehrern und anderen Akademikern als eBook und gedrucktes Buch. Die Verlagswebsite www.grin.com ist die ideale Plattform zur Veröffentlichung von Hausarbeiten, Abschlussarbeiten, wissenschaftlichen Aufsätzen, Dissertationen und Fachbüchern.

Besuchen Sie uns im Internet:

http://www.grin.com/

http://www.facebook.com/grincom

http://www.twitter.com/grin_com

Historische Entwicklung und Klassierung von Programmiersprachen

Semesterarbeit

an der
Zürcher Hochschule Winterthur
Dep. Wirtschaft und Management

im Fach
Informatik

erstellt von
Markus Pfeiler

Inhaltsverzeichnis

1. **ALLGEMEINE INFORMATIONEN** 3
   1.1. Definition der Programmiersprache 3
   1.2. Einführung 3
   1.3. Schematischer Ablauf eines Programmiervorgangs 4

2. **HISTORISCHE ENTWICKLUNG DER PROGRAMMIERSPRACHEN** 5
   2.1. Einführung 5
   2.2. Die erste Generation: Maschinensprachen 5
   2.3. Die zweite Generation: maschinenorientierte Sprachen 6
   2.4. Die dritte Generation: höhere Programmiersprachen 6
      2.4.1. Einführung 6
      2.4.2. ADA 7
      2.4.3. ALGOL 7
      2.4.4. BASIC 7
      2.4.5. C 8
      2.4.6. COBOL 8
      2.4.7. FORTRAN 9
      2.4.8. PASCAL 9
   2.5. Die vierte Generation: nicht-prozedurale Sprachen 9

3. **KLASSIERUNG DER PROGRAMMIERSPRACHEN** 10
   3.1. Einführung 10
   3.2. Die Unterscheidung in objektorientierte und wissensbasierte Sprachen 10
   3.3. Die Unterscheidung in imperative, funktionale und prädikative Sprachen 11

4. **LITERATURVERZEICHNIS** 12

Pfeiler Markus
Historische Entwicklung und Klassierung von Programmiersprachen

1. Allgemeine Informationen

1.1. Definition der Programmiersprache

Eine Programmiersprache ist eine zum Formulieren von Verarbeitungsvorschriften für Computer geschaffene Sprache. Sie ist damit eine Schnittstelle zwischen dem EDV-System und dem Anwender.[1]

1.2. Einführung

Der Computer versteht im Grunde nur eine Sprache, die aus einer Folge von Nullen und Einsen besteht, die Maschinensprache (vgl. Kap. 2.2). Das ist darauf zurückzuführen, dass er beim heutigen Stand der Technik nur unterscheidet zwischen Strom und Nicht-Strom (bzw. an/aus, offen/geschlossen, magnetisiert/nicht magnetisiert). Es ergibt sich also eine kleinstmögliche Informationseinheit (0 oder 1), die Bit (binary digit) genannt wird.

Zur Bildung von Zahlen, Buchstaben und Sonderzeichen benötigt man mehrere Bits. Diesen verschiedenen Bitkombinationen werden dann die einzelnen Zeichen zugeordnet, man macht eine sogenannte Codierung der Zeichen (z.B. ASCII: American Standard Code for Information Interchange). Die ASCII-Codes belegen 8 Bits, es ergibt sich eine neue Informationseinheit, genannt ein Byte.

Für einen Benutzer eines Computers wäre es nun sehr umständlich, seine Probleme in der Maschinensprache einzugeben. Deshalb erfand man Abkürzungen - die Assemblersprachen (vgl. Kap. 2.3.) - für eine leichtere Problemformulierung. Durch ein Übersetzungsprogramm (Assemblierer) werden diese Abkürzungen wieder in die Maschinensprache umgesetzt.

Um die Formulierung der Anwenderprobleme noch einfacher zu machen, schuf man später höhere Programmiersprachen (vgl. Kap. 2.4.), die meistens auf ein spezielles Gebiet zugeschnitten sind. Auch für diese Programmiersprachen braucht der Rechner ein entsprechendes Übersetzungsprogramm.

---

[1] vgl. Becker, Mario, Haberfellner, Reinhard, Liebetrau, Georg, EDV-Wissen für Anwender, Zürich, 1997, S. 43

Ein wesentlicher Unterschied zwischen Programmiersprachen besteht darin, ob ein erstelltes Programm compiliert oder nur interpretiert wird. Im ersten Fall erhält man nach dem Compilieren den direkt ablaufbaren Maschinencode. Das Programm wird erst in einem weiteren Schritt gestartet. Im zweiten Fall wird jede Programmzeile einzeln zuerst übersetzt und dann sogleich ausgeführt. Die Interpreter-Variante ist deswegen wohl praktisch, aber langsamer als die Compiler-Variante.

Es gibt mehrere hundert in der Literatur dokumentierte Programmiersprachen.[2]

1.3. Schematischer Ablauf eines Programmiervorgangs

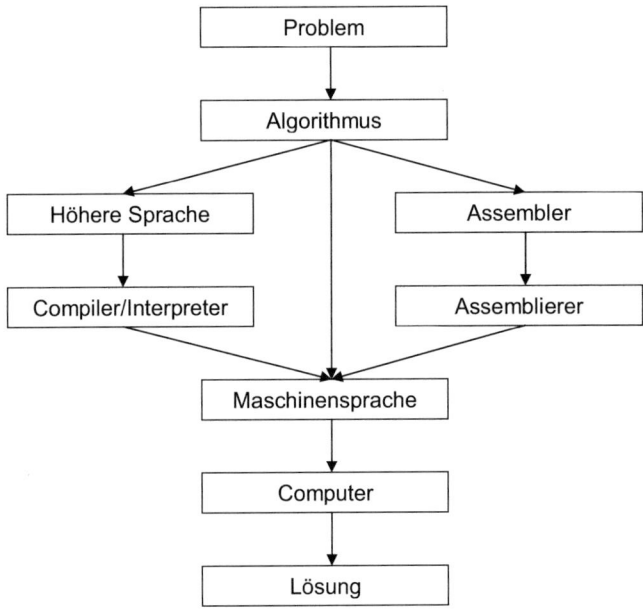

Abbildung 1: Schematischer Ablauf eines Programmiervorgangs

---

[2] Weber, Wolfgang J., Hainer, Karl, Programmiersprachen für Mikrocomputer, Stuttgart, 1990

2. Historische Entwicklung der Programmiersprachen

2.1. Einführung

Die nachfolgende Gliederung der Programmiersprachen in Generationen stellt einerseits eine mögliche Klassierung dar, weil sich jede Generation qualitativ und strukturell von der vorhergehenden abhebt. Andererseits zeigt der Ablauf in Generationen auch zumeist die historische Entwicklung auf. Vertieft wird darauf in den einzelnen Abschnitten eingegangen.

Dass die gleichzeitige Klassierung nach historischen und qualitativen Merkmalen berechtigt ist, zeigt sich auch daran, dass durch die fortschreitende historische Entwicklung niemals eine Generation durch eine nachfolgende obsolet wurde. Je nach Anwendungsgebiet variiert der Gebrauch.

2.2. Die erste Generation: Maschinensprachen

Wie bereits in Kapitel 1.2. erwähnt, versteht jeder Computer unmittelbar nur eine bestimmte, für sein System geschaffene Sprache. Diese Sprache ist binär verschlüsselt und besteht demnach nur aus Folgen von "1" und "0". Nur in dieser Form ausgedrückt können Algorithmen vom Rechner direkt umgesetzt werden.

Beispiel: Der Befehl "Addieren" für den Prozessor INTEL 80486 lautet: "10000110".[3]

Der immense Vorteil der Maschinensprache ist ihre Schnelligkeit in der Verarbeitung und der geringe Speicherbedarf. Jedoch überwiegen die Nachteile offensichtlich:
- Der Maschinencode ist für einen Menschen praktisch unverständlich, äusserst mühsam und zeitaufwendig zu programmieren und einmal geschriebene Programme können faktisch nicht mehr ausgebaut werden.
- Aus diesen Gründen entstehen hohe Fehlerquoten.
- Programme in Maschinensprache können nur auf einem System angewendet werden.

---

[3] Becker, Mario, Haberfellner Reinhard, Liebetrau, Georg, EDV-Wissen für Anwender, Zürich, 1997, S. 44

Dennoch erfolgte bis Mitte der fünfziger Jahre die Programmierung der Computer beinahe ausschliesslich in Maschinensprache. Heute ist dies dank sehr effektiver Compiler (vgl. Kap. 1.2.) zum Glück nicht mehr erforderlich.[4]

2.3. Die zweite Generation: maschinenorientierte Sprachen

Die maschinenorientierten Sprachen oder Assembler sind eine direkte Weiterentwicklung der Maschinensprachen. Statt in Binärcodes werden hier einzelne Befehle in verständlichen Worten ausgedrückt.

Beispiel: Der in Kapitel 2.2. genannte Befehl "Addieren" lautet in Assembler "ADD M".[5]

Dennoch bestehen auch bei der Assemblersprache die Nachteile der maschinenorientierten Sprachen (Unübersichtlichkeit, Fehlerquote, Systemgebundenheit etc.), lediglich die Verständlichkeit für den Menschen ist besser. Assembler werden heute punktuell in Programmen eingesetzt, wo ihr grosser Vorteil, die hohe Geschwindigkeit, benötigt wird. Auch der Speicherbedarf bleibt gering.

2.4. Die dritte Generation: höhere Programmiersprachen

2.4.1. Einführung

Man bezeichnet die höheren Programmiersprachen auch als problemorientierte Sprachen.

Höhere Programmiersprachen bieten ein hervorragendes Ausdrucksmittel für den Programmierer. Befehle sind meistens englische Wörter oder Ableitungen davon, so dass die Anweisungen an die Maschine auch für Menschen relativ einfach nachvollziehbar sind.

Beispiele: PERFORM UNTIL auswahl = "0" (COBOL), PRINT "Hello" (BASIC)

Die dritte Generation der Programmiersprachen ist erstmals systemunabhängig, obwohl es einzelne Dialekte gibt, die versuchen, die Kapazität eines Rechnermodells besser auszunutzen.

---

[4] vgl. Breuer, Hans, dtv-Atlas zur Informatik, München, 1995, S. 127

[5] Becker, Mario, Haberfellner Reinhard, Liebetrau, Georg, EDV-Wissen für Anwender, Zürich, 1997, S. 44

Beispiel: Die Sprache BASIC (vgl. Kap. 2.4.4.) gibt es in verschiedenen Formen: Amiga-BASIC, GW-BASIC, Visual BASIC etc.

Die erste höhere Programmiersprache war der von Konrad Zuse 1944 entwickelte "Plankalkül", der allerdings erst 1972 veröffentlicht wurde. Die älteste höhere Programmiersprache, die breite Anwendung fand war FORTRAN (FORmula TRANslator) aus dem Jahr 1954.[6]

Im folgenden werden einige problemorientierte Sprachen kurz näher vorgestellt (in alphabetischer Reihenfolge).

2.4.2. ADA

Es handelt sich hierbei um eine Sprache, die zur Programmierung grosser und komplexer Systeme entworfen wurde. Sie baut auf den Elementen von PASCAL (vgl. Kap. 2.4.8.) auf, wurde aber um weitere Elemente bereichert. Die Sprache wird zum Beispiel im Militär oder in der Luftverkehrskontrolle eingesetzt und ist die offizielle Programmiersprache der NATO.[7]

2.4.3. ALGOL

Die **Algo**rithmic **L**anguage wurde Mitte der fünfziger Jahre entwickelt mit dem Ziel ein Werkzeug zur allgemeinen Formulierung mathematischer Algorithmen zu schaffen. Die Sprache ist hervorragend geeignet für technisch-wissenschaftliche Anwendungen und wies als erste eine Blockstruktur (Aufbau in Untereinheiten) auf.

2.4.4. BASIC

BASIC steht für **B**eginners **A**ll-**P**urpose **S**ymbolic **I**nstruction **C**ode. Die erste Version von Basic wurde 1964 in den USA mit folgenden zwei wichtigen Zielen entwickelt:
- leichte Erlernbarkeit
- anwendbar auf verschiedenen Gebieten (Technik, Naturwissenschaften, Verwaltung etc.).

Der Nachteil von BASIC ist seine Begrenztheit und die Tatsache, dass Programme rasch unübersichtlich werden.

---

[6] vgl. Rechenberg, Peter (Hrsg.), Pomberger, Gustav (Hrsg.), Informatik-Handbuch, München, 1997, S. 401-402

[7] vgl. Breuer, Hans, dtv-Atlas zur Informatik, München, 1995, S. 173

BASIC war lange Zeit die am weitesten verbreitete Sprache und ist wohl auch heute noch die führende "Einsteigersprache".

Beispiel eines simplen BASIC-Programmes:[8]

```
100 ' Programm zur Umrechnung von CHF in US$
200 ' *** Eingabe ***
210 PRINT "Umrechnung von CHF in US$"
220 PRINT
230 PRINT "Geben Sie einen Betrag ein: CHF ";
240 INPUT F
250 K=1.5
300 ' *** Verarbeitung ***
310 D=F/K
400 ' *** Ausgabe ***
410 PRINT
420 PRINT "Angenommener Kurs: " K
430 PRINT
440 PRINT "CHF " F " entsprechen " D " US$."
500 ' *** Ende ***
510 END
```

2.4.5. C

Mit ihrem bescheidenen Sprachumfang ist das anfangs der siebziger Jahre entwickelte C den Assemblersprachen sehr ähnlich. Übersetzungen erfolgen sehr rasch. Aus diesen Gründen wird C häufig anstelle von maschinenorientierten Sprachen eingesetzt. Inzwischen liegt eine Erweiterung von C vor: C++, die nun Möglichkeiten der objektorientierten Programmierung (vgl. Kap. 3.2.) beinhaltet und auf Parallelrechnern eingesetzt werden kann.

2.4.6. COBOL

Wie der Name **Co**mmon **B**usiness **O**riented **L**anguage erahnen lässt, ist diese Sprache besonders für kaufmännische Anwendungen geeignet. Sie wurde Ende der fünfziger Jahre entwickelt. In keiner anderen Sprache liegen aktuell so viele Programme vor, wie in COBOL. Wegen der einfachen Syntax ist ein COBOL-Programm eher mühsam zu schreiben, kann jedoch vom Menschen sehr gut gelesen werden.

---

[8] abgewandelt nach: Jakob, Hans Peter, Schalcher, Fredy, Der Computer als Werkzeug, Zürich, 1992, S. 72

2.4.7. FORTRAN

Die Sprache Fortran (**For**mula **Tran**slator) ist die älteste höhere Programmiersprache mit weiter Verbreitung. Sie wurde 1954 von IBM entwickelt und ist für mathematische und technische Aufgaben prädestiniert. Ab dem Standard FORTRAN 90 ist die Sprache für Parallelrechner geeignet.

2.4.8. PASCAL

PASCAL (nach Blaise Pascal) wurde 1969 an der ETH Zürich von Prof. Niklaus Wirth entwickelt. Sie vereinigt die besten Elemente von ALGOL und FORTRAN und ist blockorientiert. Wegen ihrer strengen Strukturierung wird die Sprache auch gerne zur Ausbildung eingesetzt.[9]

2.5. Die vierte Generation: nicht-prozedurale Sprachen

Mit der Zunahme der Verwendung von Datenbanken ergab sich das Bedürfnis, Datenbestände auf einfache Art verarbeiten, verändern und abfragen zu können. Zunächst kamen nur Softwareprodukte, welche die Datenabfrage erlaubten auf den Markt, anschliessend wurde auch die Manipulation der Bestände möglich. Die Sprachen erlauben mit einem einzigen Befehl etwas zu bewirken, wozu in den Sprachen der dritten Generation eine ganze Subroutine geschrieben werden musste. Daraus ergibt sich der Vorteil, dass mit der Sprache nicht mehr gesagt werden muss, wie etwas getan werden muss, sondern nur noch, was getan werden muss. Im Gegensatz zu den drei vorangegangenen Generationen müssen also in der vierten Generation keine Prozeduren mehr vorgeschrieben werden. Die Sprachen werden deswegen auch als deskriptiv oder deklarativ bezeichnet.

Beispiele nicht-prozeduraler Sprachen sind FOCUS, QMF und SQL.

---

[9] Stahlknecht, Peter, Hasenkamp, Ulrich, Einführung in die Wirtschaftsinformatik, Berlin, 1997, S. 110

3. Klassierung der Programmiersprachen

3.1. Einführung

Es ist nochmals festzuhalten, dass die historische Entwicklung und Klassierung von Programmiersprachen teilweise parallel verläuft. Die historische Entwicklung beinhaltet also meist auch bereits eine Klassierung. Insbesondere in der Entwicklung der neueren Zeit kommt es jedoch zu Überschneidungen. So lassen sich gewisse Sprachen (wie z.B. SMALLTALK, welche je nach Literatur der 3., 5. oder 6. Generation zugeordnet wird) nicht mehr eindeutig klassieren, d.h. sie können verschiedenen Klassen zugeordnet werden.

3.2. Die Unterscheidung in objektorientierte und wissensbasierte Sprachen

Die **objektorientiere Programmierung** basiert auf einem völlig neuen Konzept im Vergleich mit den bisherigen sequentiellen Abläufen. Neue wird eine simultane Betrachtungsweise angewendet. Folglich werden Kapseln (Objekte) gebildet, die aus Funktionen und Daten bestehen. Diese einzelnen Kapseln kommunizieren untereinander. Dadurch werden Eigenschaften wie Klassenbildung, Vererbung (Übernahme der Merkmale einer Klasse in die Subklassen) und Polymorphie (Nachrichten an Objekte verschiedener Klassen lösen verschiedene Vorgänge aus) möglich.
Beispiele objektorientierter Sprachen sind JAVA, ObjectCOBOL und C++.
Objektorientierte Sprachen werden auch als Sprachen der 5. Generation bezeichnet.[10]

Wissensbasierte Sprachen finden vor allem auf dem Gebiet der künstlichen Intelligenz ihre Anwendung. Konkrete Einsatzgebiete sind u.a. die Spracherkennung, Bilderkennung oder Expertensysteme. In all diesen Bereichen geht es darum, Wissen herzuleiten und zu verarbeiten. Die Entwicklung dieser Sprachen, wie auch des gesamten Forschungsgebietes, steckt noch in ihren Anfängen.

---

[10] vgl. Stahlknecht, Peter, Hasenkamp, Ulrich, Einführung in die Wirtschaftsinformatik, Berlin, 1997, S. 111 und 346-357

Beispiele wissensbasierter Sprachen sind LISP und PROLOG.
Je nach Literatur werden diese Sprachen auch als 5. oder 6. Generation bezeichnet.[11]

3.3. Die Unterscheidung in imperative, funktionale und prädikative Sprachen[12]

Imperative Sprachen bestehen aus einer Folge von Befehlen, welche mit Variablen arbeiten. Die Sprachen der 1. bis 4. Generation sind imperative Sprachen.

Funktionale oder applikative Sprachen liefern dem Programmierer eine Reihe von Grundfunktionen, mit denen er die Programme - hier eigentlich eine Funktion - im Sinne eines Baukastensystems zusammensetzen kann. Ein Beispiel einer funktionalen Sprache ist LISP.

Prädikative Sprachen erlauben es, mit Fakten und Regeln Schlüsse abzuleiten. Diese Sprachen werden im Bereich der Wissensverarbeitung eingesetzt. Ein Vertreter dieser Kategorie ist PROLOG.

---

[11] vgl. Stahlknecht, Peter, Hasenkamp, Ulrich, Einführung in die Wirtschaftsinformatik, Berlin, 1997, S. 111 und 459-467

[12] vgl. Becker, Mario, Haberfellner Reinhard, Liebetrau, Georg, EDV-Wissen für Anwender, Zürich, 1997, S. 47

4. Literaturverzeichnis

Becker, Mario, Haberfellner, Reinhard, Liebetrau, Georg, EDV-Wissen für Anwender, 11. überarbeitete Auflage, Zürich, Orell Füssli Verlag, 1997

Breuer, Hans, dtv-Atlas zur Informatik, München, Deutscher Taschenbuch Verlag GmbH & Co. KG, 1995

Jakob, Hans Peter, Schalcher, Fredy, Der Computer als Werkzeug, 1. Auflage, Zürich, Verlag des Schweizerischen Kaufmännischen Verbandes, 1992

Rechenberg, Peter (Hrsg.), Pomberger, Gustav (Hrsg.), Informatik-Handbuch, München, Carl Hanser Verlag, 1997

Stahlknecht, Peter, Hasenkamp, Ulrich, Einführung in die Wirtschaftsinformatik, 8. vollständig überarbeitete und erweiterte Auflage, Berlin, Springer Verlag, 1997

Weber, Wolfgang J., Hainer, Karl, Programmiersprachen für Mikrocomputer, Stuttgart, Teubner, 1990